Manuale di Interpretazione dei Sogni

Comprendi la Psicologia dei Segni, Simboli e Significati della Mente Inconscia: Scopri il Dizionario dei Sogni

CAMILLA D'ANGELO

Sommario

3

Introduzione

I sogni sono una parte della nostra vita.
Banale, vero?
Probabilmente un po' sì, ma anche molto reale, soprattutto se pensi che, in media, passiamo dormendo ben un terzo della nostra esistenza. E, dormendo, ogni notte la nostra attività onirica si fa complessa, diventa una foresta di simboli, di emozioni, di sensazioni, di ricordi e aspettative.
Nei sogni c'è davvero di tutto, se ci pensi: paura, amore, divertimento, inquietudine, passione, sconvolgimento, nostalgia... senza contare eventi già capitati, persone perse di vista, amici che ci mancano, cari che non ci sono più... Come sarebbe possibile ignorare una fetta così importante dell'attività del nostro cervello?
Tutti gli esseri viventi sognano, non solo gli umani: i pesci, gli uccelli, addirittura gli insetti, senza contare tutti gli animali più complessi, vivono questa esperienza, aiutata dall'alternanza di notte e dì. A proposito di umani, sapevi che ogni notte si fanno dai due ai sette sogni? E che ogni sogno dura circa dieci minuti? Questo significa che una persona che vive fino a 85 anni non solo dorme per quasi trent'anni della sua vita, ma sogna per quasi sette anni!

Proprio perché sono così presenti nelle nostre esistenze, i sogni non sono certo solo una questione sollevata dalla scienza moderna, ma incuriosiscono gli uomini di ogni civiltà fin dalla notte dei tempi.

I sogni sono studiati e interpretati fin dai tempi antichi, quindi, e a quei tempi erano visti come una porta per conoscere il futuro, per parlare con gli Dei, per decidere come comportarsi.

Re, sacerdoti, generali che sognassero non erano certo sottovalutati e non ascoltati, e spesso influenzavano decisioni politiche, strategiche, belliche! Racconti di generali che rinunciano a una battaglia e firmano la pace per un sogno, o di re che cambiano le sorti del regno nello stesso modo, si sprecano!

Una notte, il re Azteco Montezuma sognò di uomini alti e pallidi che sarebbero giunti dal mare. La mattina successiva, non ci pensò su due volte ad avvertire i suoi sacerdoti per capire che cosa questo suo sogno significasse. I sacerdoti interpretarono a colpo sicuro: «Se vengono dal mare e sono così pallidi e alti, sono sicuramente Dei! Vanno accolti e ospitati con ogni gentilezza!»

Il tempo passò, e arrivarono, per nave, i conquistadores spagnoli con a capo Hernan Cortez, con intenzioni tutto fuorché amichevoli. Certo, erano più alti degli Aztechi, proprio come nel sogno, visto che le popolazioni del centro e del sud America erano allora mediamente più basse rispetto agli Europei. E gli spagnoli erano anche più pallidi, per ovvie ragioni. Senza contare il fenomeno per gli Aztechi inquietante e straordinario per cui molti avessero la barba e i capelli ricci, alcuni addirittura biondi o rossi!

Ecco cosa intendeva dire il presagio di Montezuma! Questi erano gli Dei del sogno del Re. Dei che vennero ospitati a palazzo con tutti gli onori. Peccato che Cortez non era per niente divino, e non se lo fece ripetere due volte a mettere a ferro e fuoco la capitale, Tenochtitlan, a conquistare i territori Aztechi e a falcidiare la popolazione, il re in testa. Ironia tragica della sorte, un sogno interpretato secondo la sensibilità di un pugno di sacerdoti portò, quella volta, alla rovina di un'intera e nobile civiltà. Probabilmente, se gli Aztechi avessero pensato che si trattava di conquistatori privi di scrupoli, non avrebbero permesso agli spagnoli neanche di scendere vivi dalle navi, sfruttando la loro superiorità numerica indiscussa.

Ora, ovviamente, la mentalità è differente, e i sogni sono più spesso motivo di interesse per psicologi e psichiatri, che riescono a scovare simboli e a farne una chiave per aprire l'inconscio dei soggetti. E anche un non esperto, chiunque non sia un professionista, può provare a capire qualcosa di più di se stesso tramite una lettura puntuale dei sogni: cosa che questo manuale vuole aiutarti a fare.

Dunque, questo manuale è adatto a te...
- se stai cercando una guida adatta per principianti alla interpretazione dei sogni, senza necessariamente dover approfondire troppo la parte teorica;
- se vuoi capire, spiegato in modo semplice, perché si sogna;
- se vuoi comprendere quali simboli si celano dietro ai tuoi sogni.

Troverai anche molto altro, in realtà, e alla fine della lettura probabilmente avrai imparato diverse cose interessanti, subito utilizzabili nella tua vita.

Il manuale si divide in due parti, una teorica e una, per così dire, più pratica.
Nella prima parte innanzitutto faremo un breve excursus sulla storia dei sogni e della loro interpretazione, poi vedremo le basi della fisiologia del sonno. Infine, ci concentreremo sul contenuto dei sogni e su come interpretarli.

La seconda parte sarà più pratica, e sarà un piccolo dizionario di immagini ricorrenti con le interpretazioni più comuni, che ti aiuterà a districarti nella comprensione della tua attività onirica.

Non mi resta che augurarti buona lettura!

Prima parte –
L'interpretazione dei sogni.

Capitolo 1 –
L'interpretazione dei sogni fino alla nascita della psicologia.

Come ti ho già detto, la lettura dei sogni non è certo una moda recente, ma è una pratica che ha, come minimo, quattromila anni. E ho specificato come minimo, perché nessuno ci garantisce che anche nella Preistoria i sogni non venissero rivestiti di un significato (anzi, diciamo che è molto probabile che accadesse). Ad ogni modo, sappiamo che i Sumeri, la popolazione stanziata in Mesopotamia in tempo più antico, praticavano l'interpretazione dei sogni per mezzo di sacerdoti ad hoc. Lo stesso avveniva nell'Antico Egitto, in cui tutti davano per scontato che i sogni fossero il mezzo di comunicazione più potente fra gli uomini e gli Dei. Proprio per questo, già gli Egizi avevano una specie di manuale-dizionario che aiutava nella comprensione delle immagini più comuni e ricorrenti. Il manuale degli Egizi, tra l'altro, non è l'unico: ne esisteva uno anche nell'India Antica, almeno tremila anni fa, molto probabilmente tramandato, conosciuto e utilizzato già da Babilonesi e Assiri, altre popolazioni stanziatesi in Mesopotamia subito dopo i Sumeri.

Spostiamoci dall'Africa e dalla Mesopotamia e arriviamo in Occidente. Gli Antichi Greci leggevano i sogni come premonizioni del futuro e come modo veloce di comprendere la volontà degli Dei dell'Olimpo, che si presentavano di notte e istruivano la persona in questione su come comportarsi. La letteratura greca è ricca di esempi di questo tipo, con eroi ed eroine indotte a certi comportamenti da immagini sognate. Senza contare gli oracoli, da cui ci si recava e a cui, fra le altre cose, si raccontavano anche i propri sogni.

Nell'Italia antica, c'erano sacerdoti preposti all'interpretazione almeno in Etruria e a Roma, anzi a Roma un sogno poteva spingere il Senato a prendere una decisione o l'altra su qualsiasi questione, anche importante e delicata. Va detto che, però, a qualcuno a Roma era venuto il dubbio che i sogni fossero una questione naturale e fisiologica, e non prettamente divina, ma venne messo a tacere: chiunque mettesse in dubbio l'origine mistica dei sogni diventò perseguibile a norma di legge. Nonostante i tentativi di zittire i dubbiosi, però, in tutto l'Occidente i filosofi e gli scienziati che iniziarono ad analizzare la questione in modo, per così dire, più scientifico, si moltiplicarono: lo fecero per primi Platone e Aristotele, già qualche secolo prima di Cristo, il famosissimo medico Ippocrate, che capì che dell'attività onirica bisognava capire cosa dicesse dell'interiorità dei soggetti; anche i Romani, nonostante la legge di cui abbiamo parlato avesse provato a limitare il fenomeno, spesso facevano fatica ad accettare di farsi dire cosa fare da semplici sogni. Erano un po' troppo razionali, per questo.

Quando arrivò il Cristianesimo, gli anni d'oro dei sogni finirono e iniziò un periodo di oscurantismo niente male che durò almeno per millecinquecento anni. Di sicuro il Dio Cristiano non ha bisogno di farsi vedere in sogno, ma per comunicare usa strutture più istituzionali, il Papa, gli uomini di chiesa, i libri sacri. C'è qualcuno, però, che non disdegna di presentarsi nel sonno: demoni, streghe, satanassi assortiti. Ecco che l'attività onirica diventa lo spazio del peccato, della tentazione, del pericolo. Meglio tenere per sé quello che si vede, per non destare sospetti.

Solo molto tempo dopo la reputazione dei sogni migliorò, e comunque molti continuarono ad usarli per una sorta di predizione minore del futuro: parliamo dell'utilizzo dei sogni per ricavare numeri della lotteria, del lotto e dei vari giochi d'azzardo comuni in Europa.

Per cambiare prospettiva davvero, comunque, bisogna aspettare il Settecento, secolo con ancora tante criticità ma in cui gli scienziati iniziano davvero a fare ricerche degne di questo nome. Ed ecco i fisiologi che capiscono senza ombra di dubbio che l'attività onirica pertiene al cervello, e soprattutto che iniziano a comprendere le fasi sonno/veglia, e che esistono diversi tipi di sonno.

Nella seconda metà dell'Ottocento, nasce la psichiatria moderna, e i sogni ritornano in auge come nell'antico passato. Sono Freud e Jung i primi a elaborare teorie impegnative sui sogni e a studiarli a fondo. Parliamo dei padri della psicanalisi, niente di meno...

Sigmund Freud, ad esempio, nel suo libro più famoso, L'interpretazione dei sogni, parte dall'idea che il sogno sia un modo che ha il nostro inconscio per manifestare desideri repressi, che altrimenti non possono trovare valvole di sfogo. Jung ha un'idea diversa, e ritiene che le immagini dei sogni contengano simboli utilissimi per interpretare la profondità del nostro animo. Freud e Jung sono ormai molto datati, e dopo di loro sono passati moltissimi studiosi, che hanno in parte confutato e in parte confermato le loro teorie. In generale, però, l'idea che le immagini che vediamo nei sogni siano legati a simboli interpretabili in linea generale è rimasta, ed è alla base della interpretazione scientifica dei sogni (e dei significati che troverai nel dizionario presente nella parte pratica del manuale).

Di certo, ora abbiamo macchinari che ci permettono di studiare sonno e attività onirica come era impossibile e impensabile anche solo qualche decina d'anni fa. Macchinari che ci hanno permesso, e che tuttora ci permettono, di scoprire sempre più informazioni, di andare sempre più a fondo nella comprensione di un fenomeno così meravigliosamente complesso.

Capitolo 2 – La fisiologia del sonno.

Ora si rende necessario un capitolo teorico: cercherò di semplificare e di essere leggibile e comprensibile, ma si tratta di concetti davvero troppo importanti per saltarli a piè pari.

Che cos'è il sonno? Spesso, quando si parla di sonno, si usa definirlo alterazione della coscienza. Certo, il concetto di alterazione della coscienza rimanda, però, ad altre situazioni, a connotazioni fortemente negative. Per esempio, una coscienza è alterata sotto l'uso di certe droghe, o a causa di gravi traumi (per esempio incidenti che causano la perdita della memoria), o di gravi malattie. In realtà, quale coscienza è più alterata di quella di una persona che dorme, e che nel sonno vede cose e persone e vive esperienze che non esistono? Nel frattempo, il corpo è più o meno bloccato, e questo è un bene (immagina come sarebbe se potessimo alzarci e scappare, picchiare qualcuno, gettarci dalla finestra in preda a situazioni che pensiamo siano reali).

Quindi, tutti sperimentiamo l'alterazione della coscienza, spesso influenzata dalla luce. Infatti, al netto di pisolini vari, il nostro corpo è regolato su un ritmo circadiano, un ritmo cioè che ci fa passare da momenti di maggiore o minore attività ad altri di sonno. Questo ritmo è, come dicevo, legato alla luce: in modo naturale, siamo più attivi quando c'è luce, cominciamo a spegnerci al tramonto e siamo più stanchi e propensi al sonno quando c'è buio. O almeno, dovremmo: ritmi di vita sballati, abitudini scombinate, lavoro su turni (senza contare serie di Netflix che ti fanno andare a letto a orari improbabili...) mettono a dura prova il nostro ritmo circadiano.

Secondo gli scienziati, comunque, è indubbio che questo orologio interiore ci impone di riposare quando necessario, regola il nostro metabolismo, ci permette di essere attivi solo per un determinato periodo di tempo. Quanto dura questo ritmo? Mediamente, 24 ore e 18 minuti, almeno così è stato calcolato.

La fase del riposo, comunque, è particolarmente importante perché, dopo la fase attiva in cui il nostro cervello non fa che essere percorso da continue scariche elettriche per lavorare, ha fisicamente bisogno di spegnersi, di lavorare su altre onde cerebrali per rigenerarsi. Questa è una delle scoperte che gli scienziati hanno potuto fare grazie ai macchinari di cui parlavo poco fa: prima dell'invenzione dell'EEG (elettroencefalogramma) non si sapeva nemmeno che nel nostro cervello fossero presenti scariche elettriche, figuriamoci misurarle e capire le onde cerebrali e le loro distinzioni.

Quello che si è capito, in generale, applicando gli elettrodi a soggetti svegli e dormienti, è che le onde sono chiaramente diverse. Non solo, anche nel sonno le onde non sono sempre uguali ma si alternano nel corso di intervalli periodici.

Per la precisione, quando un soggetto ha sonno, l'EEG nota che le onde diventano mano a mano più lente.

Il rallentamento continua quando si va a letto per davvero. Durante il sonno, però, le onde cambiano.

La prima fase, subito dopo l'addormentamento, è caratterizzata da onde ancora più lente; nella seconda fase, ci sono alcune scariche elettriche che rendono le onde più alte; seguono poi due fasi (sonno profondo) di rallentamento estremo. Queste quattro fasi si chiamano sonno non-Rem e, in tutto, durano circa 90 minuti.

Dopo questi 90 minuti, si assiste a 10 minuti curiosi e straordinari in cui le onde cerebrali cambiano e tornano a essere del tutto simili a quelle della veglia. Nel frattempo, si rilevano anche a occhio nudo movimenti degli occhi sotto le palpebre, come se si stesse guardano qualcosa. È la cosiddetta fase Rem (il nome è l'acronimo di Rapid Eye Movement, appunto riferito a questi strani e veloci movimenti degli occhi), quella, l'unica, in cui si sogna.

Nel corso della notte, si susseguono quindi fasi Rem e non-Rem, in cui però le fasi non-Rem tendono a diventare più corte, mentre le fasi Rem vanno allungandosi mentre si va verso il mattino.

In generale, se dormi una notte intera, per l'80% il tuo sonno è non-Rem, per il 20% è Rem. Il tutto è determinato anche dall'età: come il sonno, il cui bisogno diminuisce col passare degli anni, anche la quantità di sogni si modifica.

Perché gli esseri viventi devono dormire?

Una delle questioni maggiormente studiate negli ultimi decenni è perché dormiamo. Dopo questa domanda, viene, spontanea, la seconda: e perché sogniamo? In effetti, se ci pensi, non è il top dell'efficacia, a livello evolutivo, per un animale o un uomo delle caverne, doversi spegnere per almeno un terzo della propria giornata e mettersi così alla mercé di predatori, pericoli naturali, malintenzionati assortiti. Se i vantaggi del sonno superano gli svantaggi, evidentemente si tratta di vantaggi davvero straordinari!

Comunque, le risposte che sono state fornite sono tante: vediamo le più convincenti.

1) Si dorme per risparmiare energia: I buio non si vede niente, ci si deve fermare per forza,

questo almeno nella vita naturale, quindi, l'organismo ha elaborato questo piano per evitare di consumare energia che verrebbe spesa inutilmente; il rischio di diventare probabile vittima di predatori e altro è limitato, questo va detto, dal fatto che, comunque vada, in caso di pericolo riusciamo a svegliarci improvvisamente e a difenderci, in qualche modo. Ti è mai capitato di svegliarti per un terremoto? Allora sai di cosa sto parlando.

2) Si dorme per rigenerarsi: fra le scoperte degli ultimi anni, c'è anche il fatto che, con le attività giornaliere, il nostro cervello produce anche sostanze che sarebbero dannose per l'organismo. Queste sostanze vengono eliminate e i danni costantemente riparati nella fase non-Rem.

Perché gli esseri viventi devono sognare?

Queste due tesi, entrambe abbastanza convincenti, non spiegano però perché si sogni. Ok, il cervello si riposa, ma perché c'è l'attività onirica? Anche in questo caso, ci sono varie teorie.

1) Attraverso i sogni riusciamo a fissare nella nostra memoria a lungo termine quello che abbiamo imparato nel corso della giornata. In pratica, durante i sogni, cancelleremmo le cose poco importanti vissute nella giornata e manterremmo solamente quelle utili per il futuro; non è un caso che i bambini dormano e sognino molto più dei grandi. Attenzione, però, si tratta di un'attività che avviene a prescindere, anche se sei una persona che dei sogni non ricorda nulla o quasi;

2) sogniamo per rielaborare stimoli. In altre parole, durante il sogno passiamo in rassegna anche quello che ci è capitato di giorno che non abbiamo fatto in tempo a elaborare: questa teoria è ovviamente molto vicina alla precedente. Comunque, ti è mai capitato di incontrare per pochi minuti una persona che non vedevi da anni (una persona poco importante, a cui non hai mai pensato) e poi di sognarla? Probabilmente anche nella veglia hai visto quella persona e non ti ci sei soffermato: ora il sogno ti dà la possibilità di

farlo, ed eventualmente di potare il suo ricordo, se non è interessante per te;

3) sogniamo per sfogare certe emozioni. Quello che è certo è che, mentre sogniamo, l'amigdala, cioè la parte dell'encefalo che si occupa delle emozioni, è straordinariamente attiva; quindi, un coinvolgimento emotivo è sempre presente. Immagina questa situazione:

Marco è appena stato lasciato dalla fidanzata, dall'amore della sua vita. Non pensa ad altro tutto il giorno, si dispera, non riesce a mangiare, non esce, non riesce a lavorare. Poi si addormenta, sfinito, e sogna che lei è tornata e che lo ama. Certo, al risveglio Marco avrà una pessima sorpresa e presumibilmente maledirà il sogno, ma non è escluso che il cervello abbia lavorato per lui: nei pochi minuti di sogno, ha infatti dato sollievo alle sofferenze dell'intero organismo.

Questo è solo un esempio, certo, ma chiarisce un'altra utilità dei sogni:

4) sogniamo per risolvere problemi, capire situazioni e noi stessi. Non è affatto leggendario né così poco comune risvegliarsi dopo aver preso una decisione importante, o con l'umore di chi ha risolto un problema, o la

spinta per fare qualcosa su cui eravamo indecisi.

Perché i sogni si dimenticano?

Ultima questione importante è: perché, se sono così importanti, i sogni si dimenticano quasi sempre? C'è chi, addirittura, non ne ricorda mai nessuno.

Anche in questo caso c'è più di una ragione.
1) Durante il sonno, anche se le onde cerebrali ci sono, i neuroni lavorano meno; quindi, hanno meno possibilità di trattenere i ricordi.
2) Spesso, il contenuto dei nostri sogni, specialmente per come lo vede Jung, come la porta d'accesso al nostro Io più profondo, può essere doloroso, troppo emotivamente forte, persino traumatico. Probabilmente, saremmo perennemente in stato di shock se ricordassimo i nostri sogni. Quindi, l'oblio è una sorta di autotutela dell'organismo, che evita di provocare troppa sofferenza.

Capitolo 3 – Archetipi, messaggi, immagini, mondi.

Che cosa c'è nei nostri sogni.

È ormai dimostrato e fuori di dubbio che i sogni che facciamo hanno un grandissimo interesse per noi come individui. Inoltre, essi sono generati da alcune aree del cervello legate alla secrezione di particolari neurotrasmettitori: come a dire che i sogni sono messaggi che arrivano direttamente dal nostro inconscio, la parte misteriosa della nostra mente a cui non abbiamo quasi mai accesso.

Se si dà ragione anche a Jung, bisogna anche aggiungere che i sogni non riguardano solo l'individuo, ma anche l'Umanità intera, e che certe immagini, le più comuni e ricorrenti per la stragrande maggioranza della popolazione, definiscono veri e propri archetipi, dotati di messaggi universali. Ne parleremo, nel corso del manuale, senza la pretesa di essere esaustivi perché è un discorso da una parte molto affascinante, dall'altra davvero complicato.

Comunque, parliamo ora del sogno come esperienza individuale. Innanzitutto, è importante capire e dare per assodato il fatto che, come abbiamo già visto nello scorso capitolo, non tutti i sogni hanno chissà quale significato profondo. Alcuni, semplicemente, sono residui della coscienza diurna, elaborazioni di pensieri da svegli. Per esempio, in cassa al supermercato notiamo che la cassiera ha un tatuaggio particolare: la questione di un attimo, poi dobbiamo subito mettere la spesa nelle buste, pagare, andarcene, ed ecco che ci scordiamo del tatuaggio. Quella notte, in un sogno, potremmo rivedere la cassiera col tatuaggio. C'è un significato particolare, in questo? Certo che no: si tratta di quello che viene definito un residuo, una semplice reminiscenza della nostra esperienza.

Abbiamo già anche fatto l'esempio del povero Marco, abbandonato dall'amore della sua vita, che sogna di notte di fare la pace con la fidanzata perché il cervello vuole dargli sollievo, almeno per quei dieci minuti di sogno.

Ma, al netto di questi casi, invero molto numerosi (soprattutto quelli dei residui diurni), ci sono tante situazioni in cui i sogni ci vogliono, e ci possono, dire qualcosa di importante.

- Con i sogni puoi finalmente riuscire a scavare nei conflitti che provi ogni giorno. Immagina, ad esempio, di non capire il perché del tuo umore nero nel momento in cui ti rechi al lavoro, lavoro che razionalmente ritieni soddisfacente. Un sogno che si concentrasse su alcune situazioni ed emozioni spiacevoli che provi normalmente potrebbe darti una chiave di lettura non di scarso valore.
- Puoi analizzare tutto quello che nel passato è stato rimosso. Semplificando, chiunque viva traumi o esperienze estremamente difficili o

dolorose, col tempo, le rimuove, cioè smette di ricordarle. È una sorta di autodifesa del nostro cervello, niente che non sia stato spiegato dalla scienza. Il problema è che queste rimozioni sotto sotto scavano solchi nella nostra psiche, con ripercussioni non sempre facilmente gestibili, quando non rovinose. Ecco, i sogni possono permetterti di tirar fuori nel modo giusto certi rimossi, in modo tale che non siano scioccanti per te.

- Puoi lavorare sulle influenze negative che senti nella tua vita, capire da dove vengano e come gestirle.
- I sogni ti permettono di conoscere lati della tua personalità di cui potresti non essere neppure del tutto consapevole.
- Attraverso i sogni puoi decidere di cambiare modo di comportarti, in generale o riguardo a una certa situazione.
- Puoi addirittura svegliarti dopo aver risolto un problema. Problema che magari nella vita da sveglio ti ha attanagliato.

In altre parole, è fuori di dubbio che la nostra esistenza, anche quella da svegli, è molto arricchita grazie all'attività onirica, e questo perché i sogni sono una specie di terrazzo sul nostro inconscio, che di solito non riusciamo a vedere né a comprendere, pur essendo prepotentemente influente nella nostra vita. Si tratta quindi di acquisire maggiore consapevolezza di se stessi, che all'inizio può anche essere dolorosa, ma che a lungo andare rende tutto più chiaro e facile da affrontare.

Quando i sogni ti mandano dei messaggi, il primo problema è che questi arrivano criptati, in qualche modo cifrati. Insomma, quello che il sogno ti vuole dire non ti viene spiattellato facile e chiaro, ma le immagini e i simboli vanno disvelati. E per fortuna, c'è da dire: certe prese di coscienza imprudenti possono essere anche traumatiche, tanto da impedirci di accettare la verità.

Il linguaggio dell'attività onirica

Dobbiamo sempre ricordare che l'attività onirica comunica con un linguaggio specifico, quasi settoriale, che va comunque codificato per essere chiarito, anche quando non ci sono di mezzo traumi o scarsa accettazione. Ci vuole quindi un lavoro di analisi che si basi sulle immagini, sui loro significati reconditi, e soprattutto sulle emozioni che queste trasmettono. Ricorda anche che ogni simbolo va interpretato in relazione con tutti gli altri, non da solo.

Simboli

Quando parliamo di simboli, parliamo di immagini che nella vita reale hanno un significato molto chiaro, reale e indiscutibile, ma che nel sogno si vestono di altro. Per esempio, un leone nella savana è un animale maestoso, un felino con la criniera che ruggisce; a livello simbolico, però, può rappresentare il coraggio, l'autorevolezza, la forza, l'energia vitale. Quindi il leone, così come moltissimi altri oggetti o esseri (pensa al fuoco, alla rosa rossa, allo specchio,

31

alla pecora...), ha almeno due significati: quello reale e quello simbolico. Interessante, però, è il fatto che il simbolo sia strettamente legato al contesto culturale, che lo determina. Non è detto che lo stesso oggetto abbia lo stesso valore simbolico in tutte le culture e fra tutti i popoli. Il serpente, per esempio, che in Occidente è malvisto perché ingannatore e ambiguo, in Oriente è nobiltà e bellezza. La capra, che in Occidente è un po' inquietante perché rimanda al demonio, in Oriente è semplicemente il simbolo della tranquillità.

Allegorie

Dopo i simboli vengono le allegorie, che sono più complesse. Infatti, quando parliamo di allegorie, parliamo di oggetti che accettano solo l'interpretazione simbolica. Per esempio, se vediamo una donna vestita di bianco, con gli occhi bendati e con in mano una bilancia, sappiamo che quella è l'allegoria della Fortuna, non ha a che fare con qualcosa di reale. In effetti, solitamente le allegorie rappresentano concetti astratti più complessi rispetto a quelli dei simboli: la fortuna, l'amore, la morte etc.

Metafore

Oltre ad allegorie e simboli, nei sogni possiamo vedere anche altre figure, ossia le metafore. Sicuramente ne hai già sentito parlare e, anche se non ti è chiaro il significato del termine, sicuramente le usi nella vita di tutti i giorni. In effetti, la letteratura e il linguaggio comune ne sono pieni. Facciamo un esempio: se io dico di una persona che è una iena, o che è un coniglio, è evidente che mi riferisco a un individuo spietato, nel primo caso, o pavido, nel secondo. Di sicuro nessuno pensa che quell'individuo si muova in branco nella savana o che saltelli velocemente nei prati. In altre parole, con la metafora, il significato *altro* è l'unico possibile.

Archetipi e inconscio collettivo

Vi sono infine le immagini più complesse, di cui ha parlato per primo in psicologia proprio Carl Gustav Jung, uno dei grandi fondatori della disciplina. Nelle sue ricerche, Jung scoprì che certe immagini ricorrono nell'immaginario degli esseri umani, con lo stesso significato, come simboli universali, a prescindere dal contesto, dalla cultura, dal tempo, dal genere. Come è possibile che alcune immagini abbiano lo stesso significato per tutti? Forse è una questione atavica, addirittura genetica, inscritta nel nostro DNA e presente nei nostri antenati fin dalla notte dei tempi e poi tramandata a tutto il genere umano. Comunque, si parla in questo caso di inconscio collettivo, per rimarcare il fatto che certi significati sono condivisi da tutti.

I contenuti ricorrenti dei sogni

I sogni possono essere davvero di qualsiasi tipo, e i contenuti sono molto ricchi e personali. Va detto che però alcune categorie sono decisamente ricorrenti.

Sogni fisici

I sogni fisici sono quelli indotti da processi fisici o sensazioni. Hai presente quando si fanno sogni assurdi e complessi perché si è mangiato troppo? Oppure, potresti avere bruciore di stomaco e sognare fiamme, avere il raffreddore e sognare di non poter respirare, essere disturbato da un rumore esterno e sognare una radio a tutto volume... A dire il vero, non dovresti concentrarti troppo sull'analisi di questi sogni, perché non hanno chissà quale significato recondito. C'è solo un caso in cui è necessario tenere occhi e orecchie aperte: se sogni spesso un dolore, o un problema fisico di qualsiasi tipo, prova ad approfondire. Non è raro che inconsciamente si sappia già di avere un problema o una malattia e che, tramite i sogni, si cerchi di avvisare la parte cosciente di se stessi.

Sogni di esperienze vissute

Non è raro sognare esperienze vissute. Non c'è niente di strano nel rivivere momenti importanti o percepiti come tali della nostra vita. Molte ricerche sostengono che si sogni l'esame di maturità per moltissimi anni; oppure si sogna di riprecipitare negli anni della scuola, al giorno del proprio matrimonio e tanto altro. Altre volte, i sogni ci aiutano a rielaborare esperienze che ci hanno traumatizzati, incidenti, litigi, paure, sofferenze. Bisogna fare attenzione a questa categoria, e soprattutto alle emozioni ad essa legate, anche se il confronto può essere doloroso o faticoso.

Incubo

Anche gli incubi sono molto diffusi e comuni, e non sempre sono una brutta notizia. Come sai possono essere dei più variegati, e in generale hanno la caratteristica di fare paura, di essere spaventosi e angoscianti. Insomma, qualunque sia il loro contenuto, le emozioni che scatenano sono negative e intense. Se si fanno molti incubi, specialmente in un certo periodo ristretto, è assai probabile che ci sia dietro un conflitto nella vita da svegli, che andrà analizzato e risolto.

Sogni imbarazzanti

Esistono poi numerosi e vari sogni imbarazzanti, in cui ci capita di trovarci in una situazione senza volere: c'è chi sogna di non riuscire a parlare, chi di uscire di casa nudo, chi di non essere capace di muoversi o di parlare. Solitamente, dietro a questo genere di sogno c'è un problema nella vita reale, oppure un disturbo psicologico fondato su un disagio, oppure su un senso di colpa.

Sogni di tipo sessuale

Nell'attività onirica a sfondo sessuale, spesso il soggetto ha rapporti con qualcuno, persone anche sconosciute, o con cui non si ha la minima intenzione di fare sesso nella vita reale. In effetti, questi sogni non vanno presi alla lettera, ma vanno decodificati con molta attenzione. Potrebbero significare desiderio di tenerezza, sensi di colpa, o anche sensazione di essere presi troppo poco in considerazione.

35

I sogni e i Cinque Elementi

Altra questione importante, invero un po' esoterica, è il fatto che i sogni sembrano appartenere ciascuno a uno o ad alcuni regni specifici, dominati dagli Elementi. C'è un regno del Fuoco, un regno dell'Acqua, un regno dell'Aria e un regno della Terra. Esiste poi il celebre Quinto Elemento, quello di Akasha, legato all'astrazione e al pensiero. In ciascuno di questi, i sogni hanno caratteristiche, significati e aspetti differenti, che vale la pena di analizzare... E, per quanto con distinguo e qualche critica, anche se i regni sembrano più mistici che altro, anche la scienza riesce a categorizzare e analizzare i sogni distinti per regno.

I sogni della Terra

I sogni del regno Terra sono sogni concreti, basici, riferiti a cose che si possono toccare. Se una persona fa soprattutto sogni legati alla Terra, probabilmente è amante della natura e sente un forte richiamo dall'ambiente che la circonda. Inoltre, è un tipo tranquillo, mediamente riservato, ma anche energico e dotato di forza. Difficilmente vedrai un Terra divagare e fantasticare, perdersi nei propri pensieri. Più probabilmente avrai di fronte persone pratiche, forse troppo, e pacifiche, forse quasi flemmatiche.

I sogni di Terra vedono la presenza di elementi terreni: terra, fango, rocce, montagne, pietre; ma ci sono anche costruzioni umane, case, castelli, fattorie.

I sogni dell'Acqua

I sogni del regno Acqua sono discreti, malinconici e silenziosi. I sognatori d'Acqua rispettano la privacy altrui e tengono moltissimo alla propria, fino a volte a reprimere le proprie pulsioni, inoltre sono molto facili alla nostalgia, che li prende spesso anche all'improvviso. Sono anche persone fedeli, molto leali, molto tranquille, fino a rischiare di non riuscire a imporsi quando è necessario. Insomma, tendono un po' a subire. D'altra parte, come la goccia d'acqua scava la pietra, anche loro inesorabili perseguono con calma i loro obiettivi. Riconosci i sogni d'Acqua dalla presenza della stessa sotto varie forme, laghi, fiumi, liquidi vari, pioggia, mare, ma anche pesci, alghe, barche e navi.

I sogni dell'Aria

I sogni relativi all'Aria riguardano chi non è troppo concreto, ma anche chi non si fa influenzare troppo dai problemi che la vita gli riserva. Il sognatore d'Aria è leggero ma anche volubile, non troppo affidabile, poco concentrato. D'altra parte, può avere grandi idee e fare progetti importanti. I simboli legati ai sogni di questo regno sono tutti i volatili, sia uccelli che non: aquiloni, aerei, elicotteri, aeroplanini.

I sogni del Fuoco

I sogni relativi al Fuoco ricordano il calore, la passione, la forza, l'energia vitale. I sognatori di Fuoco sono indomabili, entusiasti per natura (anche entusiasmabili), con molti amici grazie al loro carisma. D'altra parte, siamo di fronte a persone che si arrabbiano facilmente, poco riflessive specialmente nei momenti delicati. I sogni del regno del Fuoco sono ricchi di simboli legati al Fuoco: fiamme, camini, stufe, lampi, luci, fulmini, petardi, scoppi.

I sogni di Akasha

Akasha è il Quinto Elemento, che non ha legami con ciò che è terreno ma che riguarda l'astrazione, il pensiero. Chi fa sogni che riguardano questo regno è un sognatore, un po' svagato, molto mentale, riflessivo, anche se rischia di apparire poco emotivo e troppo distaccato. Come riconoscere sogni di questo regno? Si tratta di sogni molto mentali, molto discorsivi e poco concreti, senza troppi elementi fisici.

Capitolo 5 – Come analizzare i propri sogni.

Come ricordare i propri sogni

È ovvio: per poter analizzare i propri sogni è necessario ricordarli. Come sicuramente hai sperimentato anche tu, però, non è affatto scontato che la memoria ci assista: quindi, bisogna fare in modo di darle una spinta.

A tal proposito, il metodo che funziona meglio in assoluto è quello di trascrivere i propri sogni. O, per lo meno, quello che ricordiamo. Ma attenzione! Perché questo metodo funzioni, è necessario farlo appena svegli, tassativamente, come prima cosa. In caso contrario, molto probabilmente nel giro di pochi minuti dal risveglio, entrati nella nostra routine quotidiana, inizieremo mano a mano a perdere dei pezzi fino a fare cadere tutto nell'oblio.

Quindi, tieni un taccuino vicino al letto e dedica sempre qualche minuto appena sveglio a questa attività. Trascrivi tutto quello che puoi, tutto quello che ricordi, anche quello che ti sembra banale: oggetti che hai visto, anche se a margine del sogno; persone, anche comparse; parole che hai sentito, situazioni che hai vissuto, discorsi, pensieri che ti sono passati per la testa (spesso in sogno pensiamo a cose e tiriamo conclusioni davvero strane!). Soprattutto, non dimenticare né sottovalutare le emozioni e le sensazioni che hai provato nel sogno, perché parliamo della chiave di volta di tutto. Vedrai che, col tempo e con l'esercizio, riuscirai a ricordare sempre di più, sempre più nel dettaglio e sempre più a lungo, ma di certo è necessario, inizialmente, un po' di impegno.

Se non ami scrivere a mano, ti consiglio di usare qualche app ad hoc: ce ne sono molte, anche gratuite, che consentono di registrare i nostri sogni e anche di condividerli con altri utenti (ma questo, ovviamente, non è obbligatorio).

Dopo aver scritto o registrato tutto quello che ti ricordi, scrivi anche qualche dettaglio sul contesto del sogno: a che ora sei andato a letto e a che ora ti sei svegliato, se hai dormito nella solita stanza o altrove, e con chi; quali sono le tue condizioni di salute, qualsiasi variazione che ti venga in mente. Se sei donna, specifica anche il momento del ciclo.

A questo punto, avrai finalmente il tuo taccuino che, dopo un po', comincerà ad essere ricco di informazioni e di racconti. Dopo aver raccolto qualche sogno, diciamo almeno una decina, ma più sono meglio è, puoi iniziare con l'analisi vera e propria.

Ma come? Non posso analizzare un sogno alla volta? Ti chiederai. Certo, puoi farlo. Ma un'analisi ricca e completa non è tale se non ci sono confronti, immagini e pensieri o emozioni ricorrenti e tutta la complessità che si può raggiungere analizzando il mondo onirico a 360°. Per intenderci: se una notte sogni un'esplosione devastante e ti svegli terrorizzato e urlante, puoi sicuramente azzardare un'interpretazione. Ma quest'ultima sarà più convincente se leggerai questo sogno assieme ad altri. Il significato sarà diverso, infatti, se per tante notti avrai già fatto incubi orribili o se, al contrario, questo incubo sarà l'unico in un periodo di sogni tranquilli.

Comunque, quando avrai i tuoi sogni trascritti il meglio possibile, potrai iniziare a cercare collegamenti, vale a dire emozioni, immagini, pensieri che si ripetono. Capirai presto, ad esempio, a quale regno appartengono i tuoi sogni (a tal proposito, non è detto che essi appartengano allo stesso regno per tutta la vita, è più probabile che ci siano cambiamenti), quali sono i simboli che si ripetono, e avrai uno storico per capire se un'emozione o un pensiero, ad esempio, si ripresentano sempre in concomitanza con lo stesso simbolo o con simboli simili.
Potresti anche scoprire di sognare sempre in modo simile nello stesso momento del mese, o nelle stesse condizioni fisiche (dopo aver fatto sport, dopo

aver visto troppa tv...), per questo è importante registrare anche i dettagli del contesto in cui hai sognato.

Per esempio, sicuramente dopo l'11 settembre 2001 moltissimi abitanti di New York (in generale, probabilmente moltissimi americani o occidentali) hanno sognato per giorni o mesi esplosioni, crolli e catastrofi. Di certo però sarebbe fallace un'interpretazione che non tenesse conto della situazione in cui questo è avvenuto. Ugualmente, se una mattina assisti a un incidente e poi sogni un incidente, probabilmente quello che sembra un simbolo è una semplice reminiscenza diurna. Se invece sogni di bombe distruttive dopo aver visto Il nemico alle porte, o dopo che il ministro di un paese minaccia la guerra, probabilmente il tuo sogno deriva da emozioni e paure che hai provato da sveglio.

Al di là del contesto, che quindi va considerato perché, in caso contrario, l'interpretazione rischia di essere ingannevole, potrà capitarti, ripercorrendo sogni del passato, di accorgerti del fatto che alcuni sono stati, per così dire, premonitori. Alt! Non sto avendo una deriva mistica, tranquillo! Può però accadere di sognare prima quello che poi succede. Ma come è possibile? I motivi sono, essenzialmente, due.

Il primo motivo è banalissimo: il caso esiste. Può benissimo succedere che io sogni di perdere il cellulare e che poi, nei due o tre mesi successivi, lo perda davvero. Certo, ci sono casi più o meno strani. Avere un sogno premonitore su un treno in ritardo o un cellulare perso è più comune rispetto a uno che riguarda un incontro totalmente inaspettato (*ehi, ho sognato di incontrare Paul McCartney in pizzeria ad Arona e poi è successo davvero!* Questo in effetti sarebbe strano, a meno che tu non abbia letto da qualche parte che Paul McCartney è in questo momento in vacanza sul lago Maggiore).

Il secondo motivo è molto più intrigante, a mio avviso. Le nostre giornate sono scandite da impegni, informazioni, conoscenze, cose da fare, incontri, commissioni, notizie, hobby e chi più ne ha più ne metta: non abbiamo l'energia per affrontare tutto con lo stesso livello di attenzione. Quindi, capita che veniamo in contatto con informazioni, immagini, visi e quant'altro senza veramente farci caso. In realtà, a livello non cosciente, molte delle cose che non consideriamo vengono comunque registrate e tornano nei nostri sogni.
Per esempio, sogniamo che cade il Governo e qualche giorno il Governo realmente cade: wow, siamo dei maghi! No, molto più probabilmente in radio, mentre noi pensavamo ad altro, hanno parlato di gravi liti interne fra partiti della maggioranza. Se a

noi non interessa la questione, probabilmente non ci facciamo neanche caso, ma poi l'informazione ritorna nei sogni.

Oppure, sogniamo che un nostro amico ha una malattia e poi scopriamo che gliela hanno davvero diagnosticata: certo, potrebbe essere un caso, ma se abbiamo incontrato quel nostro amico poco tempo prima, può essere che inconsciamente abbiamo rilevato qualcosa di strano nei suoi movimenti, nel suo pallore, nella sua forma fisica. Non tanto da dire coscientemente che il nostro amico è strano, ma abbastanza da farci accendere una lampadina senza che ce ne rendiamo conto. È lo stesso principio per cui ti ho suggerito di non dare troppa importanza ai sogni fisici ma, se ricorre un dolore o una qualche malattia nei sogni, di provare a sentire un medico. Inconsciamente, potresti aver notato un gonfiore, o una macchia, o un dolore strano che razionalmente non ti impensierisce. Può anche succedere che sogniamo di essere lasciati e poi accade veramente: magari, anche se consciamente pensiamo che fra noi e il partner vada tutto bene, a livello inconscio abbiamo cominciato a notare comportamenti strani.

Seconda parte – Dizionario dei sogni

In questa sezione, ti darò qualche interpretazione nota e assodata dei più comuni simboli dei nostri sogni. Ricorda però che ogni immagine va analizzata in rapporto alle altre; quindi, questo dizionario è solo il punto di partenza. Inoltre, tieni sempre presente il contesto. Per esempio, se stamattina sei passato davanti agli animali di un circo e nel s

A

Aceto - ostilità e invidia altrui chiaramente percepita. Se versato, si riferisce a uno scherzo subito. Potrebbe anche indicare miglioramento dello stato d'animo.

Acqua - vita interiore e contenuti consci. Se l'acqua è limpida, equilibrio psichico. Acqua torbida è insicurezza e mancanza di armonia.

Aeroplano - desiderio di allontanarsi dalla quotidianità e dalla routine, di elevarsi. Se l'aeroplano brucia, obiettivi non raggiunti.

Affogare - troppe cose da fare, stress, sensazione di non farcela.

Agnello – personalità che viene sfruttata per la propria ingenuità e mitezza.

Albero - è in relazione con la personalità. Riguarda  come si superano le difficoltà della vita. Fiorito vuol dire che la salute sta migliorando. Con frutti, successo. Se si scuote un albero ricco di frutta vuol dire grande fortuna. Chi si siede sotto un albero ha bisogno di sicurezza, chi si arrampica vuole maggiore chiarezza. Chi cade rischia di avere degli insuccessi o dei danni. Un albero morto vuol dire risultati negativi dei propri lavori o preoccupazioni.

Alcool - energia spirituale, esigenza di stimoli.

Amico - è la propria personalità. Se incontri un amico, ci sono novità positive, oppure hai un aiuto esterno.

Anello - desiderio di figli o legame.

Angelo - l'inconscio ti vuole dire qualcosa. Se l'angelo parla, stai attento alla salute. Se no, buone notizie e armonia. Se vedi molti angeli, decisione fra bene e male pullman.

Anatra – fama, prestigio e fortuna.

 **Animali** – dipende dal tipo di animali. Animali domestici sono segno di pericoli in arrivo, animali parlanti significano che devi parlare meno. In generale

simboleggiano impulsi, desideri e aspetti della personalità.

Anziani - saggezza, esperienza, consigli. Se sogni di essere vecchio sei troppo legato alle tue abitudini.

Ape - capacità di adattamento, ordine, impegno per la collettività. Tendenza a sottovalutare propri bisogni.

Aquila - coraggio, dignità, orgoglio, lungimiranza, libertà. Se volteggia, belle sorprese.

Arancia - cambiamenti o bisogni non soddisfatti. Stai attento alla tua salute ed evita abitudini che possono provocare danni.

Arma - aggressività, brame molto intense, immaturità sessuale, discordie.

Arrampicarsi - desiderio di evolvere e di comprendere, forse anche di studiare o di migliorare a livello professionale.

Asino - bassi istinti ma anche modestia e pazienza. Superficialità o concretezza. Pigrizia interiore. Se  l'asino è carico, vuol dire che l'obiettivo che stai perseguendo necessita di molta pazienza e molta fatica. Comprare un asino vuol dire sobrietà. Dargli da mangiare vuol dire che hai aiutato qualcuno che non è stato grato.

Autista - desiderio di cambiare vita o di avviare nuovi progetti.

Automobile - impulsi che influenzano il proprio comportamento. Se guidi gestisci bene i problemi.

Se sei passeggero aspettati un aiuto esterno, se acquisti un'auto stai cambiando vita o partendo con nuovi progetti. Se l'auto è in panne ti senti oberato dagli ostacoli.

Autunno - dopo molta fatica desideri raccogliere i risultati e goderteli con tranquillità.

Avvocato - hai bisogno di aiuto perché sei in una situazione critica.

Avvoltoio - intelligenza, ma anche tendenza a sfruttare le debolezze degli altri. Se lo sogni, stai attento alle persone che ti circondano, oppure cambia il tuo atteggiamento verso i vicini. Guardati dalle maldicenze.

B

Bacio - desiderio di amore, interessamento sentimentale. Se ricevi un bacio, sei rispettato. Se dai un bacio, hai successo in amore. Se sogni una mano che viene baciata, vuol dire che devi fare attenzione all'ipocrisia e alle adulazioni. Baciare un anziano vuol dire essere delusi. Baciare la terra vuol dire sentirsi umiliati. Se nel sogno non sei tu a baciare ma altri, potresti essere depresso.

Bagno - purificazione interiore, nuovi stimoli. Una piscina o acqua fredda sono energia nuova e coraggio. Acqua tiepida è calma interiore. Acqua sporca simboleggia difficoltà.

Balcone - bisogni sessuali, disponibilità a rapporti interpersonali ma anche egocentrismo.

Bambino - nuove possibilità, evoluzione, ma anche immaturità personale.

Bambola - speranze e desideri.

Banca - autorità, influenza, prestanza.

Bandito - sessualità immatura, desideri che si cercano di nascondere a se stessi.

Barba - desiderio di essere più mascolini, di essere influenti. Desiderio di più sicurezza negli affetti per le donne. Se la barba sta spuntando, miglioramento nella salute e nelle condizioni generali. Barba bianca vuol dire saggezza. Barba rossa suggerisce di stare attenti alla falsità degli altri. Il barbiere ti suggerisce di stare in guardia dalle persone ipocrite e bugiarde.

Barca - cambiamenti nella vita ma risultati incerti.

Bastone - simbolo fallico. Inaffidabilità, se spezzato significa infedeltà. Un bastone da montagna sprona ad avere più fiducia in se stessi. Ricevere bastonate vuol dire dovere lavorare di più.

Biblioteca - necessità di studiare e lavorare assiduamente. Sognare un bibliotecario vuol dire buona memoria o buone capacità di meditazione e di ragionamento.

Bicicletta - progresso nella vita, obiettivi concreti da realizzare.

Biglietto - un biglietto da visita vuol dire che qualcuno ti darà un vantaggio. Un biglietto della lotteria suggerisce di fare attenzione alle spese. Uno di viaggio simboleggia forza ed energia.

Bomba – paura e angoscia della vita. Sentimenti distruttivi di cui si ha paura, che non si vogliono affrontare.

Borsa – desiderio eccessivo di possesso.

Bosco – perdita dell'orientamento, dubbi sul da farsi nella vita. Perdita del senso della vita. Un bosco rigoglioso è anche simbolo di successo.

Botte – bisogni sessuali nascosti. Se piena, molta fatica dà risultati. Se vuota, problemi economici. Se la botte è in cantina, risparmi. Se la botte rotola, successo.

Bottiglia - possibilità non sfruttate, insoddisfazione.

Braccia – capacità di realizzare progetti. Lavoro faticoso, sensazione di essere troppo deboli per riuscire.

Bruco – attenzione a persone che non sono come sembrano. Necessità di realizzarsi.

Bue – grandi sforzi per raggiungere un risultato appena sufficiente.

C

Caccia - speranze, ambizioni. Necessità di riformulare certi obiettivi. Se sogni di andare a caccia devi darti a nuovi progetti. Se torni dalla caccia, sei contento per una disgrazia altrui. se spari e sbagli mira hai delusioni. Se vieni cacciato sei stressato perché ti manca il tempo di fare tutto.

Caduta - pericoli futuri, scarsa fiducia in se stessi. Certi progetti vanno abbandonati e bisogna cambiare vita. Se cadi in una buca fai attenzione alla reputazione. Se ti ferisci, attenzione alle brutte intenzioni di qualcuno.

Caffè - desiderio di stimoli, di contatti sociali. Buona vita familiare e benessere.

Callo - segreto gravoso.

Camaleonte - insicurezza personale che ti spinge a voler dare ragione e accontentare tutti tranne te stesso. Inaffidabilità o persone di cui non ti devi fidare.

Calvizie - preoccupazioni che se ne andranno.

Camera - sensazione di isolamento. Una camera da letto sta invece a indicare spesso desideri sessuali o curiosità per i fatti degli altri.

Camicia - esigenze che vengono represse ma che sono molto potenti. Paura di fare delle brutte figure, di compromettersi. Sognare di indossare una camicia significa che qualcuno ti sta aiutando. Lavarla vuol dire dover fare attenzione agli amici. Se ti togli la camicia, devi stare attento agli insuccessi. La camicia sporca indica superficialità.

Cammello – problemi della vita che verranno superati grazie a una buona dose di tenacia e sopportazione.

Campana – necessità di cambiare vita.

Campo – il significato dipende dalla situazione del sogno. Se coltivi un campo, hai pensieri e preoccupazioni. Se stai raccogliendo, il tuo lavoro ti sta dando soddisfazioni. Se un campo è incolto, hai potenzialità inespresse.

Candela – spenta, avverte di abbandonare le speranze riguardo qualcosa. Accesa, simboleggia la necessità di chiarezza. È anche un simbolo fallico.

Cane – attenzione a non reprimere troppo i tuoi impulsi. Se il cane è calmo, forse devi fare attenzione a qualche calunnia. Se il cane va a caccia, simboleggia superficialità.

Capelli – legati alla sessualità. Rossi simboleggiano salute, neri popolarità, bianchi saggezza, grigi dispiaceri, biondi bontà. Corti simboleggiano rimozione di desideri, pettinati indicano vanità, tinti stanno a indicare che ci si illude facilmente.

Cappello – paura delle proprie idee, vergogna ad esprimersi.

Carne – bisogni fisici e materiali. Avversione verso se stessi. Se però sogni di mangiare la carne, è segno di fortuna.

Carro – doveri molto pressanti.

Casa – se la costruisci, successi. Se la demolisci, vai incontro a cambiamenti. Se la casa brucia, fortuna.

Cavallo – brame, sessualità, passioni. Anche femminilità e bisogno di armonia. Se il cavallo corre libero, indipendenza interiore. Se ha la sella, prestigio. Se è indomito, ostacoli ma poi successo.

Cenere – aspettative deluse.

Chiave – bisogno di razionalità per comprendere un problema e superarlo.

Chiesa –
evoluzione
interiore,
necessità di
crescere a
livello
spirituale.

Chiodo – forte legame con qualcuno. Attenzione a rivali che possono fare molto male e causare perdite.

Cielo – aspirazioni, anche non espresse e non comprese.

Cigno – matrimonio felice.

Cimitero – se cammini in un cimitero, stai vivendo un periodo tranquillo. Necessità di cambiare progetti e di abbandonare certe aspettative per dedicarsi ad altro.

Cintura – necessità di essere meno vanitosi.

Civetta – intelligenza e saggezza, necessità di guardare più a fondo le cose per comprenderle bene. Se senti cantare una civetta, l'insegnamento che hai ricevuto è molto importante, anche se ben poco piacevole.

Clown – insicurezza, incomprensioni, paura di non essere capiti dalle persone e di essere presi in giro.

Coccodrillo –
percepisci come se
fossero una
minaccia i tuoi
desideri e impulsi
più profondi.

Colori – bianco – immaturità e innocenza;
nero – aspetti inconsci della personalità che
devono essere compresi e soprattutto accettati;
grigio – serierà, pessimismo, tendenza alla
tristezza, monotonia;
marrone – sensualità;
rosso – affetto sincero;
arancione – troppo idealismo;
giallo – invidia;
verde – evoluzione interiore;
blu – bisogni spirituali.

Combattimento – disaccordi all'interno di se stessi.

Coniglio – ricchezza di sentimenti, anche troppo
idealismo, mansuetudine.

Contadino – certezze basate su fatti concreti.

Corda – dipendenze da affetti, da persone o dal
sesso.

Corona – superficialità e ricerca esasperata di fama.

Corvo – gravi insuccessi.

Criceto - materialismo o dipendenza affettiva.

Croce – vita piena di conflitti, problemi da risolvere anche se ci sarà una soluzione positiva.

Cucina – buona situazione economica, ma anche bisogno di distrazioni.

D

Danza – simboleggia una buona armonia al proprio interno, ma anche desideri sessuali che possono sfociare in un'avventura o anche in una scappatella.

Debiti – complessi di inferiorità, come se fossero metafora di dover sempre qualcosa a qualcuno.

Decapitazione – necessità di riflettere prima di prendere decisioni.

Demolizione – bisogno di cambiare progetti, abbandonare la vecchia vita per intraprendere una strada nuova.

Demone – desideri e impulsi repressi che danno molti problemi alla persona, che prova disgusto verso se stessa. Situazione da sistemare a tutti i costi.

Denaro – se sogni di averne molto, non devi fare spese avventate. Se ne trovi per strada, vuol dire che, nonostante tu abbia perso molto, potrai ancora recuperare (non solo soldi).

Deserto – troppa imparzialità, poca importanza data ai sentimenti. Angoscia esistenziale, monotonia, isolamento.

Destra – consapevolezza, spirito di iniziativa, energia.

Digiuno – nuovo inizio: si abbandonano dietro alle spalle tutti i pesi del passato, ci si purifica e si inizia una nuova strada.

Dimagrimento – necessità di lasciarsi alle spalle tutti i fardelli dell'esistenza, lavori, relazioni, abitudini;

oppure anche persone che hanno tolto troppa energia senza dare nulla in cambio.

Dinamite – necessità di non imporre il proprio volere ad altri.

Dipingere – evoluzione ma forse anche inganni.

Dito – se sollevato, ti suggerisce di fare attenzione agli errori. Se puntato, è un'accusa che si rivolge a se stessi. Se sporco, problemi e inganni. Se con un taglio, maldicenze.

Divorzio – fedeltà.

Donna – bisogni non ancora espressi. Se anziana, aiuti importanti. Se incinta, fortuna e successo.

Drago – materialismo e poca spiritualità.

E

Eclissi – se lunare, la nostra sfera sentimentale è soffocata. Se solare, malattie e depressione.

Edera – molta importanza data alle relazioni, fedeltà e fiducia. Ma attenzione agli amici ipocriti e alla falsità.

Elefante – bisogni sessuali, forza, energia. Un elefante da circo sta a indicare troppa vanità. Desiderio di matrimonio felice e di famiglia numerosa.

Elettricità - forte energia psichica, sessualità intensa. Se si sogna la luce elettrica significa chiarimento, necessità di comprendere una propria situazione. Se si vedono scintille, avventura in arrivo. Se si sogna una centrale, si prospettano nuove responsabilità.

Embrione - intenzioni e sentimenti che stanno nascendo dentro di noi, anche progetti che ancora non abbiamo espresso.

Emigrazione - cambiamenti repentini e imminenti. Desiderio di scappare perché la situazione ormai è insopportabile. Necessità di stravolgere la propria vita, ma doverlo fare con accortezza.

Erba - sentimenti e contenuti psichici. Se l'erba è tenera, la propria vita è felice. L'erba alta è simbolo di forze che vengono sprecate. L'erba secca vuol dire che si è preoccupati per la propria vecchiaia. Se si è sdraiati sull'erba, le proprie speranze sono deluse.

Eremita - sentimenti negativi e delusioni che non devono sopraffarti.

Eroe - necessità di comprendere se stessi in profondità.

Escrementi - immaturità personale, necessità di capire il passato e imparare da esso.

Escursione - problemi a ostacoli notevoli nel prossimo futuro, risoluzione solo con molta fatica.

Esecuzione - grandi cambiamenti nella propria esistenza.

Estate - energia, maturazione della propria persona, grande spirito d'iniziativa.

F

Fabbrica – solerzia, progetti, grande importanza data all'azione, impulso, energia. Grandi sviluppi dal punto di vista economico e professionale in vista.

Facciata – troppa importanza data all'immagine. Bisogno costante di rispettare le consuetudini e il conformismo, anche a costo di azzittire i propri desideri più intimi. Mancanza di coraggio di esprimersi.

Fagioli – se li raccogli, successi. Se li vedi sulla pianta, delusioni.

Famiglia – desiderio di raggiungere la serenità attraverso un bel rapporto di coppia ed eventualmente figli.

Fango – brame materiali e desideri che vengono considerati sporchi.

Fantasma - si tratta della propria voce interiore, dell'arrivo di quella intuizione di cui hai bisogno. A

 volte vuol dire anche senso di colpa, paura rimossa ma che torna in sogno.

Fattoria - desiderio di vita semplice, stando attenti però alle illusioni e agli atteggiamenti troppo aggressivi.

Fazzoletto - liti in famiglia. Separazione estremamente dolorosa.

Febbre - impulsi che non si riescono più a tenere sotto controllo fino ad avere conseguenze anche gravi da ciò.

Ferro - brutalità, volontà forte, a volte freddezza. Se arrugginito, delusione. Se incandescente, ira.

Fiaccola - necessità di comprendere una situazione non chiara. Fare luce sui propri obiettivi ed eventualmente cambiarli. Se cammini con una fiaccola in mano, qualcuno di cui non ti eri accorto è interessato a te.

Fico – successi imminenti a patto che ci si impegni con serietà. Se mangi fichi, hai desiderio di avere un'avventura sessuale. Se i fichi sono secchi, delusione.

Fidanzamento – se sei single, hai bisogno di intraprendere una relazione. Se sei già impegnato, la tua relazione deve tornare a essere quella di un tempo.

Fieno – perdi troppo tempo in pensieri vacui e che non portano frutti, oppure ti interessi a persone poco adatte a te o a progetti senza costrutto.

Finestra – se la finestra è chiusa, ti ci vorrà molta fatica per superare un ostacolo, ma alla fine avrai successo. Se la finestra è aperta, la tua vita al momento è piuttosto fortunata. Se guardi dalla finestra senza fare nulla, attenzione alle delusioni.

Fiore – simbolo di desideri sessuali non chiari, immaturi o non soddisfatti. Importante dedicarsi al proprio sviluppo personale.

Fiume – devi dedicarti di più alla tua personalità, e lavorare su te stesso per tirare fuori il tuo vero io e tutte le tue capacità. Un fiume limpido indica evoluzione, uno torbido indica difficoltà; se il fiume fa molto rumore, fai attenzione alle dicerie e alle calunnie.

Foglia – la foglia è legata alla personalità e quindi devi controllare come è nel sogno per capire quello che ti vuole dire. Una foglia secca significa che devi rivedere le tue priorità, una che sboccia indica evoluzione spirituale.

Fontana – nella vita si sono fatte moltissime esperienze.

Foschia – grande disorientamento.

Fretta – forte inquietudine.

Frutto – incertezza per l'esito di un proprio lavoro o progetto.

Fumo – nervosismo, fallimento o successo passeggero.

Funerale – una nuova vita ti aspetta, è ora di dire addio alla vecchia e di dedicarti senza rimpianto alle novità.

Fuoco – molta energia, forza vitale, coraggio, impulsi forti. In generale positivo, ma tanta forza può anche avere risvolti negativi e non essere così innocua.

G

Gabbia – riferita alle norme che ci impone la società, al conformismo. Se sogni spesso la gabbia, tendi ad adeguarti, ma il peso inizia a farsi pesante da portare.

Gallina – armonia in famiglia e ricchezza, specialmente se nel sogno depone un uovo. Se però si uccide una gallina, si preannunciano delusioni e insuccessi.

Gallo – sessualità vigorosa ma anche vanità estrema, se nel sogno canta. Ottimo successo se il gallo fa un uovo, liti molto sofferte se si sognano due galli che combattono fra loro.

Gamba – se sogni la tua gamba ferma, la tua vita è soddisfacente. Sei concreto, attento alle cose del momento, ti senti al tuo posto. Se si muove, sei proiettato al futuro, forse al cambiamento. Forse sarà necessario dedicarsi a qualcosa di nuovo.

Gente – attenzione alle calunnie e alle maldicenze.

Ghiaccio – sentimenti effimeri, che non sono affatto stabili. Se cammini sul ghiaccio, dovrai superare ostacoli. Se mangi il ghiaccio, hai paura di quello che stai per fare.

Ghianda – devi sforzarti per crescere interiormente e non solo. Di recente hai vissuto un'esperienza che ti ha aperto gli occhi su molte cose.

Giacca – sentimenti forti che scaldano la vita e che proteggono.

Giardino – fa riferimento ai propri sentimenti. Se il giardino è curato, lavori sulla tua vita interiore. Se è inselvatichito, ti stai lasciando andare. In generale, indica successo e felicità, soddisfazione.

Gioielli – esagerazione, vanità, sopravvalutazione di se stessi. È necessario tornare con i piedi per terra.

Giornale – incapacità di decidere per se stessi. Oppure paura di certe novità che andranno per forza affrontate con coraggio.

Gregge – la tua personalità è spesso dominata dalla ragione, anche gli impulsi più importanti e potenti.

Grondaia – per raggiungere il tuo obiettivo, stai percorrendo una strada davvero insolita, se non proprio pericolosa.

Grotta – ti chiudi troppo spesso in te stesso e hai la tendenza a non assumerti per intero le tue responsabilità.

Gru – saggezza in una situazione difficile.

Gufo – esperienza e comprensione delle cose non chiare agli altri.

Guerra – conflitti interiori dovuti al fatto che non si conciliano le parti opposte della propria personalità.

H

Hotel - quello che sta succedendo nella tua vita è frutto di una situazione passeggera, in cui non ti ritroverai a lungo.

I

Iceberg - certi contenuti inconsci della propria personalità stanno venendo a galla. La cosa è positiva, ma ci vuole prudenza.

Idolo - rappresenta una persona che stimi o a cui vuoi molto bene. Può anche rappresentare la parte più nascosta della tua personalità che vuole finalmente manifestarsi.

Imbalsamare - hai preso una decisione affrettata che però dal punto di vista emotivo sai già essere sbagliata. Si tratta di prenderne atto.

Imbroglione - banalmente significa che stai avendo comportamenti discutibili a livello etico. In caso contrario, può significare che stai valutando un affare, un progetto o un investimento che ti fa venire dei dubbi perché ti sembra fin troppo facile. Suggerisce di analizzare bene prima di buttarsi.

Imperatore - indica il proprio rapporto con il potere. Rispetto dell'autorità, desiderio di autorevolezza in qualunque campo, famiglia, lavoro, affari.

Impiccato - problemi finanziari o legali, ma anche

stress enorme, sensazione di essere impossibilitati a fare qualsiasi cosa. Per alcune interpretazioni, però, ha anche un valore positivo.

Incendio - provi una passione ingestibile, distruttiva. Potrebbe anche significare desiderio di stravolgere la propria vita con una decisione molto temeraria.

Incudine - stai lavorando molto e ci metti molto impegno. Devi però tirare fuori la vena creativa che stai lasciando in secondo piano e che può servirti anche a velocizzare il lavoro.

Indigeno - stai avendo a che fare con modi di pensare e idee che ti mettono a disagio, ma dovresti provare a comprendere anziché chiuderti.

Inferno - momento difficile, di passaggio, sicuramente sofferenza. Necessità suggerita dell'inconscio di cambiare strada.

Inondazione - stai ricominciando da zero, oppure hai sogni e desideri repressi che senti finalmente di poter esprimere.

Insegnante – fai più affidamento al tuo intuito e alle tue capacità per risolvere una situazione.

Insetto - senso di allarme, paura di essere danneggiati da qualcuno che a livello conscio sembra innocuo.

Intestino - interpretazione negativa, disastro in arrivo percepito come possibile dall'inconscio.

Inventore - l'inconscio ti suggerisce di seguire l'intuito per prendere giuste decisioni.

Inverno - sta finendo un ciclo, è il momento di ritirarsi e riprendere energie, oppure di iniziare una nuova fase della vita.

Investigatore – devi occuparti di qualcosa che non è del tutto chiaro o di qualcuno che si comporta in modo ambiguo e non è del tutto sincero.

Invito - hai bisogno di avere più connessioni e relazioni interpersonali.

Isola - desideri un luogo sicuro e solo per te in cui esprimere te stesso.

Istrice - preoccupazioni e situazioni scomode.

L

Labbro – bisogni erotici inespressi. Se le labbra sono sottili, provi invidia per qualcuno.

Labirinto – hai commesso sbagli che senti che ti hanno allontanato dalla felicità.

Lacrime – l'inconscio vuole che tu sciolga tensioni interiori che ti limitano nella vita.

Ladro – sei sconsiderato nelle questioni di cuore, rischi di uscirne deluso. Quindi, valuta bene il tuo comportamento. Oppure, sei ricco di sentimenti.

Lampada – devi concentrarti sull'analisi di una questione in particolare che non ti convince e che ti spaventa. Se sogni che la lampada viene accesa, qualcuno ti sta aiutando.

Lampo – hai un problema, in un ambito non specificato, a cui presto troverai una soluzione inaspettata.

Lana – hai un'anima sensibile e mite, per questo sottoposta anche al rischio di venire ingannata. L'interpretazione varia dal colore della lana: positiva, se lana verde o nera; negativa, se lana rossa o bianca.

Larva – hai sentimenti, pensieri ed emozioni che classifichi come negativi, eppure dovresti provare a lavorarci per comprenderli e analizzarli al meglio.

Latta – stai perdendo tempo dietro a cose di scarsa importanza, non dovresti. Forse il tuo progetto è campato in aria.

Latte – hai bisogno di addolcire i tuoi sentimenti, di maggiore tenerezza nelle relazioni e in famiglia.

Lava – se incandescente, i sentimenti che non esprimi presto esploderanno e non potrai farci molto. Se va raffreddandosi, così stanno facendo certe tue emozioni, che prima erano intense.

Lavagna – hai bisogno di imparare. Se cancelli la lavagna, devi cambiare obiettivo. Se sopra la lavagna ci sono numeri o scritte, vanno interpretati a parte.

Legno – è simbolo della routine, delle proprie abitudini e di quello che si fa sempre. Forse il tuo inconscio ti dice di uscire dalla comfort zone. Se accatasti legna, sei stressato. Se la raccogli, il tuo duro lavoro porterà qualche risultato. Se la bruci, devi iniziare a risparmiare.

Lenzuola – soprattutto se sporche, ma non solo, esortano a chiarire in una discussione o in un litigio. Oppure, c'è in corso un conflitto non ancora del tutto espresso.

Leone – aggressività, rapporto con avversari. Se catturi il leone, un nemico diventerà amico. Se un leone ti rincorre, stai subendo maldicenze.

Lettere dell'alfabeto – se sognate insieme, significa che la tua vita deve essere messa in ordine.

Letto – in generale, bisogni sessuali inespressi e insoddisfatti. Se sogni di rifare il letto, il tuo inconscio nota un miglioramento nelle relazioni a casa, che diventano più tranquille. Se stai a letto, hai bisogno di tranquillità. Se sogni di rigirarti nel letto, conflitti inespressi.

Libro – devi tenere più in considerazione le esperienze che hai fatto in passato. Nell'interpretazione conta anche molto il titolo del libro, se riesci a vederlo. Se compri un libro, grazie alle tue conoscenze stai per ottenere un grande successo.

Limone – delusione o irritazione per qualcosa che è accaduto di recente.

Lince – guardati da persone perfide e un po' troppo scaltre, che lavorano per ingannarti.

Luce - consapevolezza e comprensione degli avvenimenti.

Luna – simbolo femminile e di divinazione, di comprensione universale. La luna piena indica una vita di successo. La luna che cade significa difficoltà. La luna rossa è un segno negativo.

Lupo – sentimenti ed emozioni molto forti da affrontare e in parte da controllare perché non diventino distruttivi.

Lutto – i fastidi che stai avendo, le difficoltà che stai vivendo, non devono troppo impensierirti, sono di breve durata.

M

Macchia – sensi di colpa per qualcosa che abbiamo fatto e che non ci dà pace. Oppure, l'inconscio è dell'idea che quello che stai per fare non sia del tutto onesto.

Macchina – le tue abitudini e routine limitano la tua crescita personale, quindi devi lavorare in proposito.

Macellaio – problemi o difficoltà imminenti, oppure troppo materialismo che ti impedisce di elevarti.

Madre – a parte interpretazioni legate alla propria madre, ti esorta a dare più retta ai sogni e a quello che l'inconscio ti sta dicendo.

Maggiordomo – non è positivo: può voler dire avere falsi amici, se ne vedi uno. Se lo sei, qualcuno sta sfruttando le tue capacità e il tuo lavoro. Può voler dire anche affaticamento e stress, oppure troppa umiltà.

Maiale – avidità, troppo attaccamento alle cose materiali.

Malattia – al di là dei segnali inviati dal corpo (se sogni sempre malattie simili fra loro, prova a verificare col medico che sia tutto a posto), sta a indicare conflitti interiori e sofferenze anche psicologiche.

Maledizione – le azioni che hai compiuto hanno un forte effetto sul presente, e probabilmente ti senti anche molto in colpa in proposito.

Mancia – cerca l'aiuto di una persona influente, specialmente sotto forma di consiglio saggio.

Mangiare – devi fare in modo di fare più esperienza, di studiare, di conoscere e di apprendere di più.

Manicomio – la tua vita al momento è un po' complicata, dovresti lavorare per semplificare.

Mano – grazie all'energia puoi trasformare la tua vita. Una mano grande dice di essere più energici, una mano piccola dice che non ti stai impegnando abbastanza. Se la mano è sporca, devi guardarti dalle persone che frequenti. Se è pulita o se te la lavi, vuoi che le persone riconoscano che non sei colpevole di qualcosa.

Mare – inconscio collettivo che rappresenta i pensieri in generale. Calmo sta a indicare tranquillità, mentre agitato vuole dire, ovviamente, problemi. Se cadi in acqua, devi cercare di espandere la tua comprensione. Se invece affiori, stai vivendo un'evoluzione spirituale importante.

Marionetta – ti senti dipendente da qualcuno, anche se forse consciamente non te ne rendi conto.

Marmo – durezza di cuore, o lavoro duro che non porterà a risultati.

Matita – bisogno di comunicazione non espressa.

Mattone – a livello economico ti senti molto tranquillo, la tua posizione è decisamente consolidata.

Medico – non ha niente a che vedere con previsioni di malattie, se non molto raramente. Come le figure d'autorità, padri, re, datori di lavoro ecc., sta a indicare bisogno di essere guidati con un consiglio saggio in un momento di difficoltà.

Mela – in generale, i beni materiali ti attirano molto. Molte mele in un cesto o raccolte insieme indicano stabilità economica, mangiare una mela significa felicità. Se la mela è bacata, fai attenzione alle intenzioni di chi ti circonda.

Mendicante – hai pensieri e sentimenti che cerchi di nascondere agli altri. Invece sarebbe molto opportuno tirarli fuori, con i modi giusti.

Mente – sei una persona razionale e consapevole, che affronta la vita specialmente non razionalità.

Messa – o sei sinceramente devoto a una religione, oppure senti il bisogno di avere una guida spirituale.

Minerale – i valori materiali vanno trasformati in valori spirituali.

Minestra – esorta a superare le difficoltà e ad accettare l'attuale condizione, cercando di cambiarla ma prendendo atto delle proprie responsabilità, che non vanno nascoste.

Miniera – sta a indicare i contenuti profondi dell'inconscio su cui bisogna lavorare perché finalmente escano, coi modi giusti.

Miseria – impara a gioire di quello che possiedi.

Monaco – ti senti isolato, poco soddisfatto delle tue relazioni. Prova a uscire dallo stallo.

Mongolfiera – i tuoi progetti sono troppo audaci.

Montagna – hai bisogno di una maggiore visuale per

comprendere la situazione. In generale, se scali una montagna ti manca ancora molto lavoro per arrivare a un obiettivo; se la scendi, il più è fatto.

Morso – provi una gelosia molto forte per qualcuno.

Morte – significato positivo, che indica l'avvio di una nuova fase della tua vita.

Mosca – sei irritato. Forse ti stai dedicando a un progetto inutilmente audace.

N

Nascita – banalmente, nuovo inizio. Oppure, un progetto importante ha avuto termine e ne sta iniziando un altro.

Naso – bisogni sessuali intensi.

Nastro – amicizia e speranze. Se vedi un nastro che svolazza, devi coltivare buone amicizie. Se lo tieni in mano, sei soddisfatto dei tuoi rapporti interpersonali. Se vedi un nastro senza fine, devi fare attenzione ai debiti.

Naufragio – problemi che ti impediscono di raggiungere i risultati che ti eri prefissato.

Nave – simbolo legato alla personalità. Solitamente si valuta la propria situazione in base a quella della nave, se naviga bene o male, se è nel mare in tempesta o nel porto. Esprime spesso anche il desiderio di cambiamenti, che però meritano di essere valutati con grande attenzione.

Nebbia – forte tendenza all'autocritica, dovuta spesso anche alla poca disponibilità all'autoconoscenza.

Negozio – la vita ti offre moltissime possibilità che si tratta solo di sapere cogliere. Altre volte, sta a indicare che sei troppo disponibile con chi ti circonda, al limite di essere sfruttato.

Nemico - il nemico è all'interno di te stesso; quindi, sognare un nemico indica necessità di conciliare parti contrapposte che hai al tuo interno.

Neve – paura di invecchiare, oppure sentimenti che prima erano forti e adesso si vanno raffreddando inesorabilmente.

Nido – bisogni sessuali. Oppure, spesso sta a indicare desiderio di proteggere o di essere protetto all'interno di un contesto familiare ristretto.

Nocciola/Noce – segno di successi, che però si ottengono a costo di duro lavoro.

Nodo – la situazione si fa intricata, e per risolverla ci sarà bisogno di ricorrere a molta razionalità.

Nonni – hai bisogno di un parere saggio e di esperienza per risolvere certe questioni o superare le difficoltà della vita.

Notizia – una minaccia incombe sulla tua tranquillità, forse un cambiamento che non ti aspettavi.

Notte – il sogno ti esorta a non sottovalutare i contenuti inconsci che emergono.

Nozze – sei in grado di conciliare felicemente gli opposti all'interno di te stesso.

Nudità – a volte indica la paura del giudizio altrui, ma per lo più esorta a essere più sinceri e veri con se stessi e con gli altri.

Numeri – ovviamente, dipende dal numero sognato:
0 – vuoto, dissoluzione, ricerca di conoscenze superiori.

1 - indipendenza interiore, importanza data all'individualità.
2 – contraddizioni all'interno della propria personalità.
3 – inclinazioni e doveri della vita tendono a scontrarsi.
4 – grande equilibrio interiore.
5 – devi migliorare la consapevolezza del tuo corpo.
6 – devi imparare a armonizzare gli aspetti della tua personalità.
7 – devi dare importanza all'universo e all'ambiente che ti circonda.
8 – stai per trovare la soluzione a un grave problema che ti affligge.
9 – stai per evolvere a un livello superiore.
10 – nuovi progetti e obiettivi.

O

Oasi – non devi disprezzare i tuoi sentimenti.

Obitorio – avevi idee, progetti, obiettivi che non si sono concretizzati e che devi deciderti a mettere da parte.

Oca – sta a indicare ingenuità, spesso in una relazione sentimentale. Stai attento.

Occhiali – devi lavorare per comprendere di più te stesso e l'ambiente che ti circonda. Forse sei troppo idealista e devi tornare coi piedi per terra.

Occhio – intelligenza, vivacità mentale. Cecità indica buone notizie in arrivo, strabismo indica che devi fare attenzione ai falsi amici.

Odore – si può comprendere il passato solo in base ai ricordi e alle esperienze già vissute.

Olio – energia psichica. Se sogni di versarlo, l'inconscio ti spinge a ritrovare la calma e a sanare dei conflitti.

Oliva – desideri sessuali molto intensi.

Ombelico – indica che sei molto dipendente da qualcuno o dalle tue relazioni in generale.

Ombra – contenuti psichici su cui fare luce.

Omicidio – radicale cambiamento nella propria vita, oppure pericolo scampato. Può anche voler dire che si è riusciti a imporre alla propria vita un cambiamento positivo.

Orchestra - i contenuti psichici sono ben armonizzati, anche quelli che sembrano fra loro in conflitto.

Orecchio – fai attenzione alle maldicenze, oppure, in generale, sii molto prudente nell'affrontare una certa situazione.

Orologio – caducità dell'esistenza, necessità di decidere in fretta su una determinata questione.

Orso – molta energia ma diretta male o in modo grossolano, da canalizzare con attenzione e sicuramente molto meglio di adesso.

Ospedale – si riceveranno presto aiuto e conforto in una situazione difficile.

Ospizio – grave crisi esistenziale a cui fare attenzione.

Osso – se hai un segreto, è forse ora di rivelarlo al diretto interessato.

Ostriche – personalità scontrosa, chiusura nei confronti dell'altro. Forse è necessario aprirsi.

P

Padella – è il simbolo di qualcosa che sta venendo finalmente a maturazione dopo un lungo periodo. Se la padella invece è vuota, preannuncia sicuramente delusioni imminenti.

Padre – hai bisogno di una figura autorevole che ti guidi in questo momento della tua vita.

Pagella – devi affrontare una situazione in cui devi dare prova di te stesso. Ovviamente, l'interpretazione cambia in base ai voti in pagella, se riesci a vederli o a conoscerli.

Palcoscenico – sta a indicare il rapporto con gli altri. L'interpretazione varia moltissimo in base a quello che viene messo in scena e anche alla trama della recita.

Palla – sta a significare che l'inconscio ha molto chiaro il ruolo del caso e del destino. Giocare a palla significa che c'è stato uno stravolgimento inaspettato, fare gol vuol dire che c'è una possibilità da non farsi scappare.

Palma – bisogno di consolazione, oppure delusione.

Panchina – disponibilità erotica, ma anche diritto a riposare dopo un duro lavoro.

Pancia – simbolo dei bisogni materiali. Più nel sogno

è grande, più si è attaccati ad essi e meno a quelli spirituali, che andrebbero invece coltivati.

Pane – amicizia, rapporti profondi, oppure modestia. Spesso è presagio di cambiamenti prossimi molto positivi.

Pantaloni – paura di fare brutte figure in pubblico. Troppa importanza data alla propria reputazione, oppure vita vissuta e interpretata con eccessiva superficialità.

Pappagallo – non imitare gli altri, spesso tendi a farlo senza aver prima valutato veramente se il loro atteggiamento sia consono. Stai attento alle maldicenze.

Paralisi – paure, inibizioni, desideri inespressi che causano sofferenza.

Parente – necessità di conciliare parti del proprio io che sembrano essere in conflitto fra loro.

Parete – bisogno di maggiore sicurezza.

Parrucca – forti complessi di inferiorità, specialmente dal punto di vista sessuale. Oppure, prestigio in arrivo.

Partenza – cambiamenti nella propria esistenza derivanti dalle scelte personali. Se la partenza è molto frettolosa, forse stai cercando di evitare una responsabilità.

Parto - banalmente, desiderio di avere un figlio. Oppure, momento di cambiamento, di evoluzione, di messa in cantiere di un nuovo progetto.

Passerotto – fai attenzione alle maldicenze, ai pettegolezzi e alle promesse non mantenute.

Pastore – simbolo di aspetti interiori da conciliare. Se guida il gregge, successo e fortuna; se solo, delusione.

Pavone – vuoi suscitare ammirazione e invidia, cerchi spasmodicamente il prestigio, anche più del necessario.

Pepe – hai desideri molto forti che in qualche modo andranno canalizzati e tenuti sotto controllo. A volte sta anche a indicare l'esortazione a concludere in fretta una certa faccenda.

Pera – generalmente simbolo positivo di fortuna, di amore e di soddisfazione, ma se sogni di mangiare una pera il tuo inconscio ti sta mettendo in guardia dal rischio di una separazione.

Pescare – a volte dai troppa importanza ai successi materiali e ai guadagni.

Pesce – legata all'inconscio che ci influenza, oppure significati sessuali. Se peschi, stai avendo successo; se compri pesci, devi stare attento a chi ti circonda, se i pesci ti scivolano di mano, devi fare attenzione all'adulazione.

Pettine – metti ordine nella tua vita, oppure tieni a bada le tue pulsioni sessuali.

Pianura – simbolo di felicità e di vita semplice.

Sognare di vedere una pianura dall'alto vuol dire grande ottimismo per il proprio futuro.

Piazza – invita a smetterla di sfuggire ai propri problemi e ad affrontarli.

Piede – se ne vedi uno in sogno, forse stai iniziando un percorso per cambiare interiormente. Se il piede è rotto, ci sono ostacoli difficili da superare. Se è sporco, la tua vita, un progetto o una relazione poggiano su basi sbagliate.

Pietra – durezza di cuore, a volte addirittura odio. Se però la pietra è preziosa, il sogno esorta a non cambiare se stessi e la propria personalità.

Pioggia – finalmente stai facendo uscire e stai integrando bisogni e desideri che prima erano rimossi.

Piuma – simbolo di altissimi ideali, di candore e innocenza ma, a volte, anche di grande vanità da tenere sotto controllo.

Polizia – la tua coscienza ti impone norme morali molto rigide. Non è necessariamente un male, tutt'altro, ma cerca di non autolimitarti inutilmente.

Pollo – hai paure, conflitti irrisolti, inoltre sei nervoso ed eccitabile. L'inconscio ti esorta a lavorare sul tuo stato d'animo.

Polvere – desideri una vita più semplice, anche se modesta.

Ponte – cerca di armonizzare i tuoi conflitti e le tue parti in opposizione, ne trarrai grande vantaggio, specie spirituale.

Povertà – non sta a indicare povertà fisica, piuttosto povertà mentale e sentimentale. Cerca quindi di coltivare meglio la tua interiorità.

Precipizio – se guardi nel precipizio, stai scavando nel tuo inconscio e scoprendo cose anche inquietanti. Se ti trovi sull'orlo, stai provando forti dispiaceri. Lo stesso vale se scivoli o precipiti. Se invece getti pietre, è un buon segno di stabilità e armonia.

Primavera – maturazione ed evoluzione personale, anche disponibilità ad avventure erotiche.

Principe – i tuoi desideri sono al momento molto soddisfatti. È un buon periodo.

Processione – ha due interpretazioni: quella positiva sta a significare grande armonia familiare; quella negativa è legata all'esortazione a non farsi troppo influenzare dalla massa e dalle idee altrui.

Pugnale – desiderio di ricevere più attenzioni, ma anche aggressività e impulsi che vanno sicuramente controllati, specialmente di carattere sessuale.

Pugno – hai molta energia, ma la devi incanalare meglio perché per il momento la esprimi in modo goffo e grossolano.

Pulce – hai fastidi e problemi che, per quanto non siano terribili, ti danno da fare.

Puntura – ha due interpretazioni: da una parte, ti invita ad essere più prudente; dall'altra, ti sprona ad essere più motivato nel raggiungere i tuoi obiettivi.
Puzzola – stai attento a inganni e ad avidità.

Q

Quercia – sta a indicare successo, potere, ma anche buona salute e robusta costituzione.

R

Radici – valori fondamentali su cui poggia la nostra esistenza. Se mangi radici, sei in ottima salute; se ne dissotterri, devi andare a fondo a una questione; se inciampi, stai incontrando ostacoli.

Radio - devi svagarti e non farti travolgere dalla routine quotidiana.

Ragno – i tuoi desideri ti fanno provare sensi di colpa.

Ramo – in base al tipo di ramo, indica diverse fasi della vita.

Rana – hai una personalità capace di cambiare in meglio.

Rapimento – c'è una decisione che va presa in fretta, specie sentimentale.

Ratto – disgusto per te stesso o per la vita, sensi di colpa molto forti.

Regalo – non devi solo pensare al tuo tornaconto e a vantaggi per te, ma pensare anche al bene degli altri. Solo così la soddisfazione e la felicità saranno complete.

Rete – probabilmente sei single o insoddisfatto e cerchi una relazione che ti dia gioia a 360°.

Ricciolo – hai molte speranze nei confronti della tua relazione sentimentale attuale.

Ricetta – compromesso fra contenuti contrastanti a livello inconscio, ma anche spesso notizie false o bugie.

Riflettore – devi concentrarti su una sola questione alla volta. C'è un problema in corso che necessita di tutta la tua attenzione per essere risolto.

Rinoceronte – il tuo potere è solo esteriore, la tua autorità effimera.

Risparmi – non sta a simboleggiare risparmi economici ma, in base a se sono tanti o pochi, rappresentano le energie che abbiamo a disposizione.

Ritardo – sei una persona insicura, spesso esitante, e per questo ti senti in colpa. Assumiti le tue responsabilità senza esitare.

Riva – stai superando il confine dell'inconscio, e imparando a conoscere meglio parti di te che fino ad ora non ti erano chiare.

Rondine – hai un grande desiderio di felicità familiare, che ora sembra proprio essere a portata di mano.

Rosa – l'amore che desideri in questo momento non ha risvolti sessuali ma sembra essere platonico.

Rospo – la tua vita sta migliorando a vista d'occhio.

Ruggine – fai attenzione, o la tua reputazione uscirà presto compromessa.

Ruota – sta a simboleggiare un'evoluzione spirituale che sarà repentina in base alla velocità della ruota stessa.

S

Sabbia – i tuoi attuali progetti hanno basi molto fragili e difficilmente avrai successo.

Sale – il sale è simbolo di felicità e salute, quindi in generale segnala l'inizio positivo di qualcosa, di una relazione o di un progetto.

Salto – se ti si pone davanti un'opportunità, è il momento giusto per decidere di sfruttarla senza ponderare troppo.

Sangue – simbolo di vitalità, di energia, di potenza sessuale. Molti significati, tutti legati alle proprie energie. Vedere il sangue vuol dire essere preoccupati per qualcosa o qualcuno, se perdi sangue hai molta energia, se lo sputi devi liberarti di qualcuno o qualcosa di scomodo.

Sarto – attenzione a non essere troppo superficiale.

Scale – insicurezza, specialmente se la scala è a pioli, ma anche tante opportunità da poter cogliere.

Scarpa – se compri delle belle scarpe, devi stare attento alle maldicenze, se cammini con le scarpe, stai perdendo tempo in questioni inutili; se perdi una  scarpa, hai fatto nuove e interessanti amicizie.

Scheletro – qualcosa non ti torna e hai desiderio di andare a fondo di una questione.

Scimmia – sei troppo orientato ai piaceri materiali e pochissimo alla spiritualità e alla razionalità, ciò potrebbe provocare problemi.

Scoiattolo – hai la tendenza ad accumulare troppo e a proteggerti: dovresti buttarti di più e, a volte, anche rischiare.

Scopa – sei influenzato da persone negative di cui devi liberarti.

Secchio – nella vita, al momento, ti si presentano moltissime opportunità.

Sedia – vivi una vita spesso frenetica e hai bisogno di riposo. A volte la sedia sta anche a indicare la propria posizione sociale.

Sentiero/strada – è simbolo della propria situazione nella vita e dello stato dei propri progetti. Se il sentiero è largo e comodo, in proposito sei tranquillo. Diversamente è se il sentiero è impervio.

Sera – cominci a esaurire le energie mentali e fisiche, quindi si fa necessario un periodo di riposo per non soccombere.

Serpente – certi impulsi e istinti sono ormai oltre l'inconscio e sono diventati consapevoli.

Soldato - devi essere più disciplinato nella vita.

Sorgente – dipende dallo stato in cui si trova tale sorgente. Se è ricca d'acqua e limpida, allora hai molta energia da spendere; se è torbida, ci sono dubbi e ostacoli. Se la sorgente è secca, devi riposarti per ricaricare le energie.

Specchio – guardati nel profondo per comprendere meglio te stesso.

Stagno – cerca di assecondare le inclinazioni più profonde, che a volte non confessi nemmeno a te stesso.

Stella – hai grandi ambizioni. Ciò non nuoce, ma cerca di rimanere anche coi piedi per terra.

Strega – l'autoconoscenza ti spingerà ad affrontare lati di te ancora oscuri.

T

Tabacco - successo negli affari, oppure problemi sentimentali.

Tagliare - il messaggio dell'inconscio è molto netto e sicuro: bisogna dare un taglio a una situazione, a una relazione, a un progetto. E farlo il più velocemente possibile.

Tamburo - sorprese gradite, progressi sul lavoro o in un progetto, probabilmente hai appena ricevuto un aumento di stipendio o hai avuto uno scatto di carriera.

Tartaruga - evoluzione lenta ma molto costante e promettente. Longevità, speranza che le cose vadano avanti a lungo.

Tassa - preferisci vivere una vita serena, anche se faticosa. Non sei la persona che decide di mettersi inutilmente in pericolo.

Tavolo - in famiglia i rapporti sono stabili e sicuri, c'è armonia e non prevedi problemi a breve e neanche sul lungo periodo.

Tegola - anche questo simbolo è legato alla sicurezza della famiglia e del contesto, significa armonia e felicità tranquilla.

Telefono - necessità di comunicare, di aprirsi al prossimo. Probabilmente stai vivendo un periodo molto ritirato e non sei del tutto soddisfatto della cosa.

Temporale - le prove che a breve dovrai per forza affrontare, alla lunga, saranno positive per te.

Tenda - il tuo inconscio ti induce a nascondere maggiormente certe cose che di solito esprimi senza difficoltà.

Tenebre - ignoranza: ci sono tante cose che non sai. Dovresti analizzare quello che non ti convince, o delle relazioni ambigue, perché potresti avere brutte sorprese.

Termometro - in base alla temperatura, simboleggia i tuoi sentimenti, troppo caldi o troppo freddi.

Terra - ricchezza, fortuna, desiderio di esaltare la vita, la natura. Fertilità, un progetto sta per avviarsi.

Terrazza - desiderio di essere maggiormente ricettivo nei confronti dell'esterno, devi aprirti di più con il prossimo.

Terremoto - l'inconscio ti dice di cambiare, ma non sa ancora darti indicazioni sul come e sul quando.

Tesoro - hai un desiderio appassionato nei confronti di qualcosa o qualcuno, ma è molto difficile per ora realizzarlo e lo vedi molto lontano.

Testa - grande intelligenza che ti aiuta sempre nelle situazioni di difficoltà, anche le più complicate. A volte ricorda però di farti guidare anche dalle emozioni.

Tetto - simile all'interpretazione della testa, con in più la tendenza a proteggersi dalle emozioni troppo forti. Il che va bene, se non significa autolimitarsi.

Tigre - il tuo istinto, spesso represso, prenderà presto (finalmente?) il sopravvento. Attenzione, non sarà semplice tornare nei ranghi.

Topo - limite forte o ostacolo che si ha molta paura di superare, e che per il momento ti blocca.

Toro - forti pulsioni sessuali, grandi sviluppi finanziari ma anche ruolo attivo nella società o in un particolare contesto.

Torre - desiderio sessuale, ma anche tendenza a isolarsi. Il progetto a cui stai lavorando ti dà molte soddisfazioni.

Torta - ricordati di coccolare di più chi ami, di trattarlo bene. In alternativa, hai bisogno di tenerezza.

Tosse - c'è qualcosa che vorresti dire o un sentimento che vorresti esprimere ma te ne vergogni o hai paura.

Traghetto - finalmente un progetto si sta concretizzando davvero, dopo tanta fatica. Devi solo attendere.

Trapano - da poco hai cambiato vita, stravolto i tuoi obiettivi.

Trappola - molto banalmente, senti che qualcosa ti ostacola o ti limita moltissimo. Un progetto o una relazione non ti danno soddisfazione.

Treno - hai troppo la tendenza a farti influenzare dal prossimo, che ti porta dove vuole. Fai più di testa tua.

Triangolo - sei un perfezionista, vuoi avere tutto assolutamente sotto controllo. Di base non è male, ma devi accettare anche le imperfezioni, se vuoi progredire.

Trota - senti che a casa e in famiglia ci sono alcuni problemi, ma niente di insormontabile.

Tuono - nella tua vita sta per avvenire un grande cambiamento di cui non sei ancora del tutto sicuro.

U

Ubriachezza - fai fatica a distinguere la realtà dalla fantasia, le tue idee e i tuoi progetti sono compatibili in aria.

Uccello - sogni, desideri, ideali. Guardi tutto dall'alto con senso di superiorità e senza farsi coinvolgere dalle emozioni.

Uccidere - sogno molto comune. Creatività superiore alla media, risoluzione inedita dei problemi, significato positivo.

Unghie - lavori sodo e fai molta fatica per raggiungere i tuoi obiettivi, ma forse anche per ottenere risultati minimi.

Uovo - invito dell'inconscio a guardarti dentro. È il momento di sviluppare te stesso, evolvere anche spiritualmente.

Uragano - vivi un periodo di forte stress e confusione nella tua vita, forse hai bisogno di fermarti e fare il punto della situazione.

Urina - lascia andare tensioni ed emozioni, sfogati. Il trattenere tutto ti rende frustrato e sofferente, spesso insoddisfatto.

Uva - pulsioni sessuali, ma anche abbondanza, frutti raccolti dopo tanta fatica. In generale, sognare frutti è sempre correlato a risultati che verranno raggiunti.

V

Vacanza - cambiamenti che non osiamo fare, ma necessari. Paura dell'ignoto.

Vagabondo - sei sfibrato dai tuoi impegni e doveri, desideri scappare e sottrartene, sei in un periodo di forte stanchezza.

Valanga - nella tua vita senti che sta per accadere qualcosa di buono e sei carico e pieno di energie per questo. Se la valanga ti travolge ma non hai paura, il significato si rinforza.

Valigia - hai una grande opportunità davanti a te ma sei impreparato a coglierla, indeciso, non hai fatto abbastanza, o senti che non è il momento giusto.

Vampiro - ansia di vivere oltre ai limiti, insoddisfazione costante, tendenza ad appoggiarsi troppo sugli altri nella vita di tutti i giorni.

Vapore - vivi un periodo di anaffettività e ambiguità, è necessario riscaldare i tuoi sentimenti.

Vasca - desiderio di rinnovarsi, di salute, di purificazione.

Vedova - ti senti molto solo in questo periodo, oppure hai ricevuto una forte delusione, non necessariamente d'amore, da cui non ti sei più ripreso.

Veleno - insinuazioni, maldicenze, inganni stanno mettendo a repentaglio la tua vita o un tuo progetto. Guardati bene da chi ti circonda.

Ventaglio - sei superbo, tendi a darti delle arie: fai attenzione a questi tuoi modi di essere.

Vento - è il cambiamento per eccellenza, il segnale che hai bisogni di uno stravolgimento importante.

Verdura - hai metaforicamente bisogno di cibo sano, magari anche spirituale o a livello culturale.

Vergogna - vivi in un periodo di disagio, ti senti in difetto, provi grave debolezza.

Verme - provi sentimenti negativi, probabilmente fe anche disgusto per te stesso.

Vescovo - cerchi aiuto e protezione da personalità importanti.

Vetro - sei una persona che tende a proteggersi, a mettere delle barriere fra te e ciò che ti circonda.

Viaggio - aspettative per il futuro da rivalutare attentamente ed eventualmente correggere.

Vigile - non riesci ad accettare certi tuoi comportamenti o certe tue idee e ti condanni.

Vino - il vino è sempre un simbolo positivo. Al momento la tua vita è in armonia, equilibrata, felice, e per il futuro non ci sono nubi nere all'orizzonte.

Violino - il tuo rapporto sentimentale non è sincero ed equilibrato come vorresti.

Viso - sei sincero, trasparente, non hai problemi di menzogne o di non detti in questo momento della tua vita.

Visita - ricevere o fare una visita indica forte bisogno di confortare o di essere confortato.
Approfondimento di rapporti personali.

Vite - hai lavorato moltissimo, hai atteso tanto, ma finalmente stai ottenendo i risultati sperati.

Vitello - la tua situazione economica tende al bello. Calma, tranquillità. Desiderio di tornare all'infanzia.

Volpe - devi fare attenzione a quello che succede attorno a te. Probabilmente è urgente aprire gli occhi su qualcosa o qualcuno.

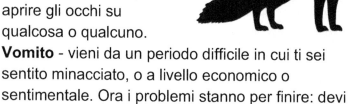

Vomito - vieni da un periodo difficile in cui ti sei sentito minacciato, o a livello economico o sentimentale. Ora i problemi stanno per finire: devi solo decidere di lasciarti tutto alle spalle.

Z

Zaino - porti un peso notevole, ma hai anche racimolato molte esperienze nella vita. Devi decidere cosa tenere e cosa lasciare andare.

Zanzara - attorno a te molte persone non sono bene intenzionate nei tuoi confronti. Alcune potrebbero addirittura rovinarti la vita.

Zattera - sei stato imprudente in una situazione, e potresti pagare il prezzo di decisioni affrettate. Stravaganza.

Zolfo - provi dei forti sensi di colpa per qualcosa che hai fatto, pensi di meritare un castigo, non sei in pace con te stesso.

Printed in Great Britain
by Amazon